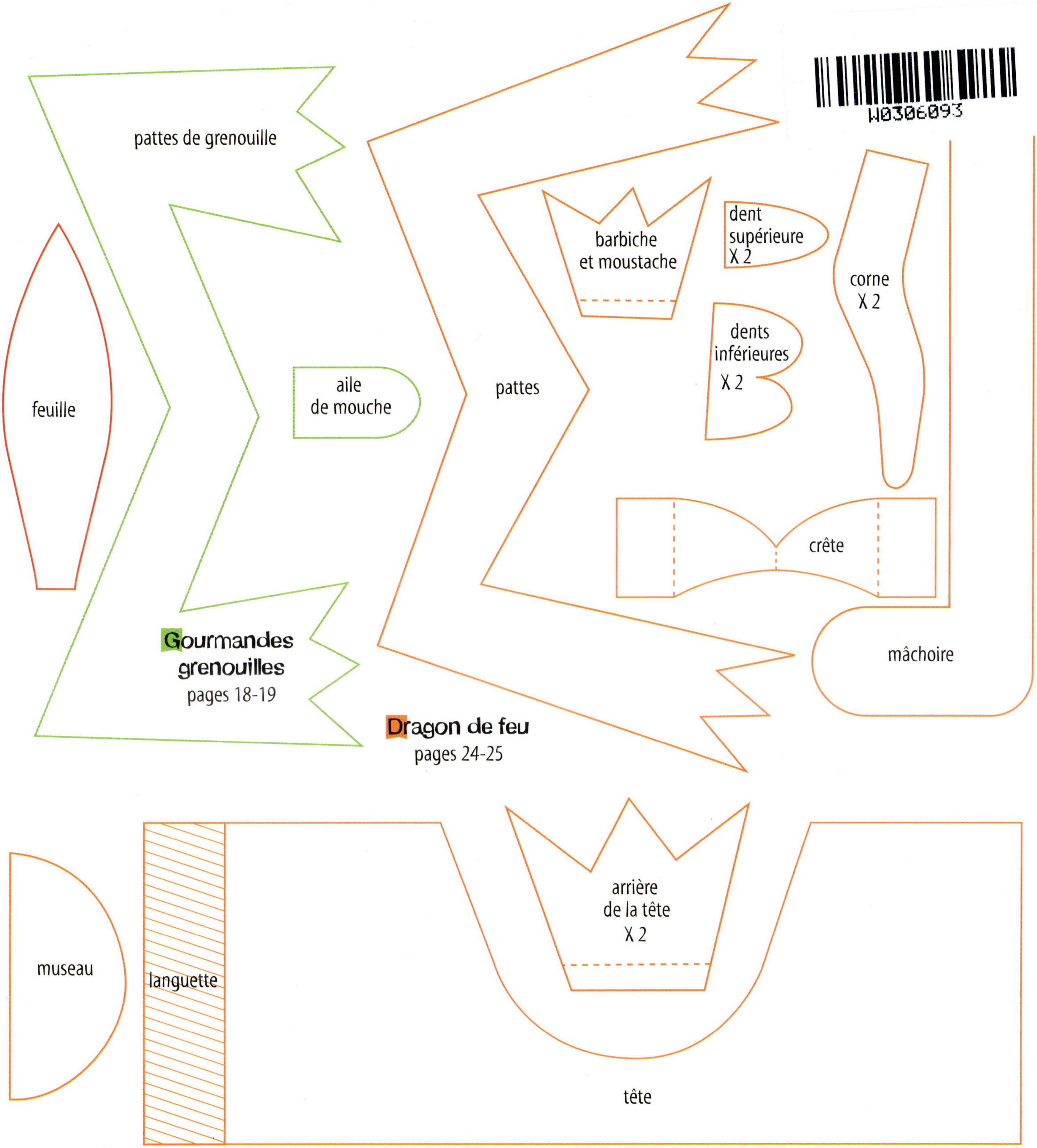
pattes de grenouille
feuille
aile de mouche
Gourmandes grenouilles
pages 18-19
pattes
barbiche et moustache
dent supérieure X 2
dents inférieures X 2
corne X 2
crête
mâchoire
Dragon de feu
pages 24-25
arrière de la tête X 2
museau
languette
tête

Direction éditoriale : Christophe Savouré
Édition : Christine Hooghe
Direction de création : Laurent Quellet
Direction artistique : Armelle Riva
Conception et réalisation graphique : Claude Poirier
Photographies : Olivier d'Huissier
Illustrations : Denis Cauquetoux
Fabrication : Vincent Châtelet

15-27, rue Moussorgski
75018 Paris
Dépôt légal : mai 2007
Photogravure : Alliage
Imprimé en Belgique par Proost
ISBN : 978-2-215-09293-3
2e édition – n°P10105– juillet 2010

LES PETITS CRÉATEURS

Rouleaux et carton

Denis Cauquetoux

FLEURUS
www.fleuruseditions.com

Les secrets pour tout réussir

Matériel

Récupère les rouleaux de papier-toilette, d'essuie-tout, de scotch de peintre ou d'emballage et les tubes de papier d'aluminium, de film alimentaire, de papier cadeau ou de kraft...
Garde les cartons d'emballage et mets de côté la cartonnette des paquets de céréales.

Autre matériel

Il te faudra aussi du carton ondulé et du papier de différentes couleurs, des brochettes en bois, des bouchons en liège, et de la ficelle.

La peinture

Protège le plan de travail. Utilise de préférence de la peinture acrylique, plus couvrante que la gouache. Pour unifier le carton, tu peux commencer par une couche de blanc. Laisse bien sécher entre chaque couleur ou chaque couche. Nettoie tes pinceaux à l'eau tiède et au savon.

La colle

Utilise de la colle blanche vinylique.

Le papier kraft gommé

Il se présente en rouleaux. Il permet de renforcer les collages ou de border le carton avant de le peindre. Découpe des bandes. Humidifie la surface brillante du papier à l'aide d'une éponge. Applique ensuite les bandes sur l'objet et lisse bien avec le plat de la main.

Mesurer les rouleaux

Utilise une règle.
Trace des repères selon la longueur désirée.

Enroule un papier à la hauteur des repères et relie-les.

Découper les rouleaux

Découpe en biais jusqu'à la ligne, puis suis-la.

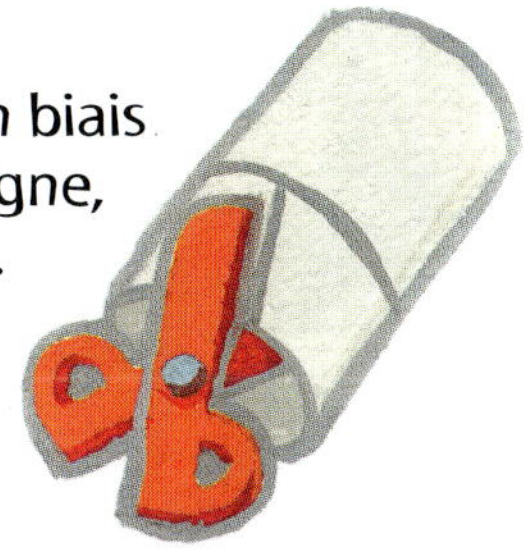

Pour éviter de gâcher des morceaux de rouleaux ou pour les tubes plus rigides, demande à un adulte d'utiliser un cutter.

Rondelles de cartonnette

Elles bouchent les rouleaux. Pose un rouleau sur de la cartonnette. Trace son contour puis découpe la rondelle.

Comment reporter un patron

Tu trouveras les patrons au début et à la fin du livre. Par transparence, reporte-les sur du papier-calque ou du papier blanc très fin. Découpe-les.

Sur les supports plats, maintiens le patron avec une main et trace son contour de l'autre.

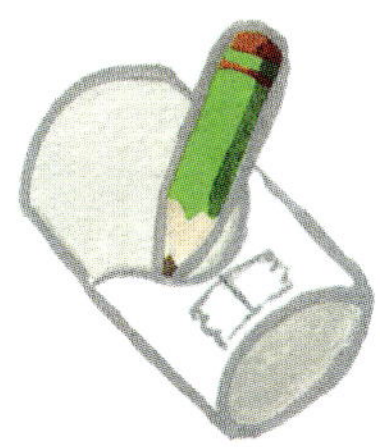

Autour des rouleaux, enroule le patron, ajuste-le bien et scotche-le.

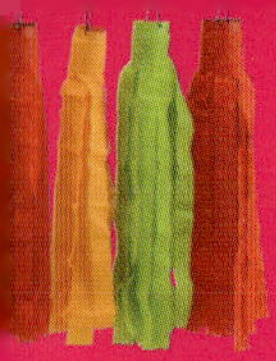

Comme des lampions !

Matériel • *demi-rouleaux de papier-toilette • peinture • pinceau •*
• papier crépon en rouleau • scotch double face • ciseaux • règle • perforatrice •
• fil de fer gainé de jardinage et pince coupante •

1

Peins chaque moitié de rouleau d'une couleur plus foncée à l'intérieur et plus claire à l'extérieur. Laisse bien sécher.

2

Découpe des rectangles de crépon de 40 cm de longueur et de la largeur du rouleau de papier crépon. Découpe des franges de 2 cm en t'arrêtant à 5 cm du bord.

3

Colle un rectangle de crépon en bas de chaque demi-rouleau à l'aide de plusieurs morceaux de scotch double face.

4

À la perforatrice, fais 2 trous en haut des demi-rouleaux. Demande à un adulte de couper des morceaux de fil de fer de 10 cm et de fixer ces anses sur tes lampions.

Si tu n'as pas de scotch double face, utilise de la colle en bâton et veille à travailler proprement ! Le fil de fer peut être remplacé par de la ficelle ou du bolduc.

Ronds de serviette

Matériel • *demi-rouleaux de papier-toilette • peinture rose • pinceau •*
• carton ondulé de couleur • ciseaux • colle • crayon à papier •

1

Prépare le patron. Reporte-le sur un demi-rouleau. Découpe en suivant les courbes.

2

Peins l'intérieur du demi-rouleau en rose. Laisse bien sécher.

3

Reporte le patron sans la languette au dos du carton ondulé de la couleur de ton choix. Prépare et reporte aussi les patrons des oreilles, des yeux et du museau.

4

Découpe tous les éléments de carton ondulé. Colle d'abord le grand autour du rouleau, puis les détails. Laisse sécher.

Les patrons se trouvent
au début du livre.

**Pour une jolie finition,
n'oublie pas de peindre
le rebord du demi-rouleau.**

Jeux d'adresse

Matériel • ***rouleau de scotch de peintre • cartonnette • peinture • pinceaux •***
• carton ondulé de couleur • colle • crayon à papier • ciseaux • règle • gros clou • perles •

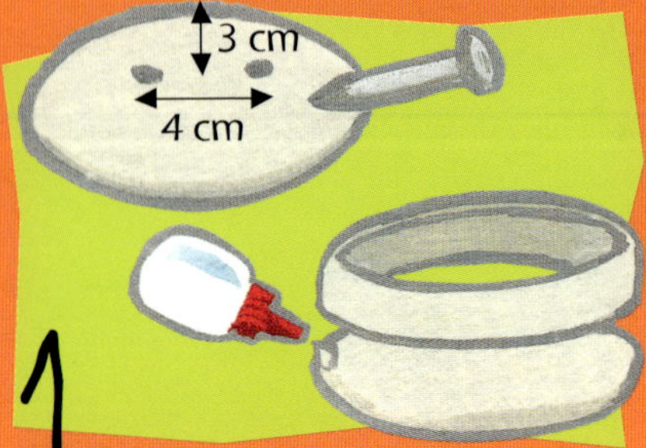

1

Découpe une rondelle de cartonnette au diamètre du rouleau. Demande à un adulte d'y percer les yeux avec un clou. Colle le rouleau sur la rondelle. Laisse sécher.

2

Peins l'intérieur d'une couleur. Peins le dos, puis le tour d'une autre. Laisse sécher entre chaque étape. Peins les yeux.

3

Reporte les patrons des cheveux et du dessus du nez au dos du carton ondulé. Découpe une bande de 1,5 x 8 cm pour la bouche et de 1,5 x 7,5 cm pour le nez.

4

Colle la bande de la bouche en la pliant en deux. Assemble le nez.

5

Colle tous les éléments du visage. Pose les perles dans le jeu. Essaye de les faire rentrer dans les trous en donnant des petites secousses au plateau.

Tu peux remplacer les perles par des boulettes de pâte à modeler qui durcit à l'air. Si tu le souhaites, colle une rondelle de plastique souple sur le jeu pour le couvrir.

Les patrons se trouvent à la fin du livre.

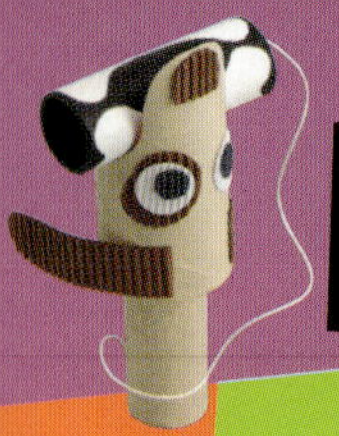

Bilbochiens

Matériel *• rouleau de papier-toilette • tube d'emballage alimentaire • cartonnette • • papier épais rouge • carton ondulé de couleur • ficelle • peinture • pinceau • • crayon à papier • ciseaux • clou • règle •*

Les patrons se trouvent au début du livre.

1

Reporte le patron de la tête sur le rouleau. Découpe selon les courbes. Demande à un adulte de découper au cutter 2 morceaux de tube de 8 cm.

2

Découpe une rondelle de cartonnette au diamètre du rouleau. Colle-le dessus, puis le tout sur un morceau de tube. Laisse sécher.

3

Peins le chien. Peins aussi son os en t'aidant du patron. Laisse bien sécher entre chaque couleur.

4

À l'aide des patrons, dessine les éléments de la tête au dos du carton ondulé de couleur et la langue sur le papier. Découpe-les. Colle-les.

5

Demande à un adulte de percer un trou avec un clou à la base du manche et à l'extrémité de l'os. Noue une ficelle de 30 cm environ.

Qui sera le plus habile ?
Pour faire des tournois de bilbochiens avec tes amis, compte 2 points quand le chien mange son os et 1 point quand il parvient à attraper la ficelle.

Jolies fleurs

Matériel • ***rouleaux de scotch de peintre et d'emballage • tubes en carton •***
• cartonnette • carton • carton ondulé de couleur • peinture jaune et verte • pinceau •
• ciseaux • colle • crayon à papier •

1
Découpe des rondelles de cartonnette au diamètre des rouleaux. Colle-les.

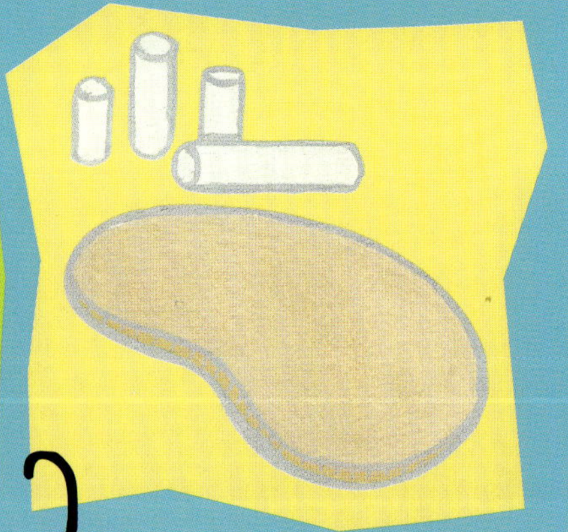

2
Demande à un adulte de découper au cutter différentes longueurs de tube et un socle d'environ 33 x 22 cm dans le carton d'emballage.

3
Peins l'intérieur des rouleaux en jaune. Peins l'extérieur, les tubes et le socle en vert.

4
Reporte le patron des pétales au dos du carton ondulé. Découpe-les. À l'aide d'une règle et de la pointe des ciseaux, marque un pli à la base des pétales.

Les patrons se trouvent au début du livre

5
Colle les pétales autour des rouleaux. Découpe et fixe des feuilles sur les tubes. Colle les fleurs aux tiges et les tiges au socle.

Réalise aussi des fleurs sans tige pour ranger tous tes trésors ou présenter un cadeau…

Gourmandes grenouilles

Matériel • *demi-rouleaux de papier-toilette • cartonnette • peinture • pinceau •*
• carton ondulé : bleu, rose et blanc • crayon à papier • ciseaux • colle • bouchons de liège •

Grenouilles

1

Reporte le patron du corps sur les demi-rouleaux, celui des pattes sur de la cartonnette, ceux des narines et des yeux au dos des cartons ondulés. Découpe.

2

Découpe des rondelles de cartonnette au diamètre des rouleaux. Colle les rouleaux dessus, puis les pattes dessous.

3

Peins l'intérieur de chaque grenouille en rose puis l'extérieur en vert. Laisse bien sécher. Colle les yeux et les narines.

Mouches

Demande à un adulte de couper des rondelles de bouchon de 1 cm environ. Peins-les en noir. Découpe des ailes dans du carton ondulé blanc et colle-les.

Les patrons se trouvent au début du livre

Fabrique autant de grenouilles et de mouches que tu le souhaites. Dispose les grenouilles à des distances variées, au sol ou sur une table. Lance les mouches avec adresse en essayant de leur faire gober !

Tirelires rigolotes

Matériel • ***2 rouleaux de scotch d'emballage • carton ondulé de couleur • • peinture rose ou blanche • pinceau • papier épais rose ou blanc : 6 x 26 cm • cartonnette • • colle • ciseaux • règle • crayon à papier •***

Les patrons se trouvent à la fin du livre

1

Découpe 2 rondelles de cartonnette au diamètre des rouleaux. Sur l'une d'elles, demande à un adulte de découper au cutter une fente de 1 x 4 cm.

2

Colle les rondelles de cartonnette aux rouleaux. Laisse sécher.

3

Peins les 2 parties de la tirelire selon l'animal choisi. Laisse sécher.

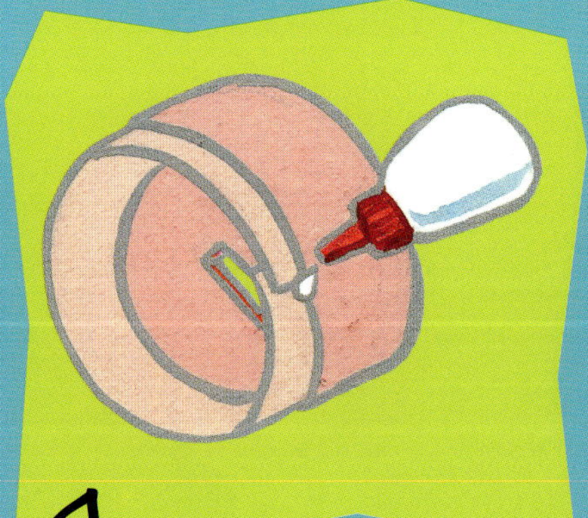

4

En la laissant dépasser, colle la bande de papier à l'intérieur du couvercle.

5

Reporte les patrons des détails au dos du carton ondulé. Découpe-les. Colle le groin (ou les naseaux) sur le couvercle en le laissant dépasser sur le bas. Colle les autres détails.

Chien, chat, lapin… à toi d'inventer d'autres modèles. Sans la fente, ces tirelires se transforment en boîtes pour tout ranger !

Bâton de pluie

Matériel • *tube en carton à bouchons (41 cm de long et 6 cm de diamètre environ)* • • *cartonnette* • *colle* • *scotch* • *ciseaux* • *règle* • *crayon à papier* • *riz* • *peinture* • *pinceaux* •

1

Mesure puis découpe
3 bandes de cartonnette :
2 de 3 x 50 cm, 1 de 3 x 38 cm.

2

Forme 2 accordéons avec les bandes les plus longues. Colle-les de chaque côté de la troisième.

3

Colle la bande dentelée en biais dans le tube. Scotche-la pour la maintenir en place le temps du collage.

4

Colle un bouchon à une des extrémités. Verse un peu de riz par l'ouverture. Colle le second bouchon.

5

Peins le tube en ocre rouge. Laisse sécher. Dessine un serpent autour du tube. Peins les détails avec un pinceau plus fin.

Si ton tube est plus long, demande à un adulte de le raccourcir ou de t'aider à adapter les mesures. La bande dentelée doit être légèrement plus courte que la diagonale du tube pour permettre aux bouchons de rentrer.

Dragon de feu

Matériel ***• rouleaux de papier-toilette • cartonnette • papier crépon rouge • • 2 boules de cotillon blanches • peinture • pinceau • carton ondulé rouge • ciseaux • • colle • scotch double face • perforatrice • feutre noir • ficelle •***

Les patrons se trouvent au début du livre

1

Demande à un adulte de découper 16 anneaux de 3 cm dans les rouleaux.

2

Reporte les patrons de la tête et de la mâchoire sur 2 rouleaux et les autres sur de la cartonnette ou au dos du carton ondulé.

3

Perce des trous sur les anneaux, la tête et le museau. Colle le museau sur la tête.

4

Peins en rouge foncé l'intérieur de tous les rouleaux ; en rouge clair, l'extérieur et les pattes ; en blanc, les cornes et les dents.

5

Colle les différents éléments sur la tête et le corps. Colle des boules de cotillon pour les yeux et dessine les pupilles. Colle des rectangles de papier crépon frangé aux pattes. Pour la queue, procède comme pour les lampions, étapes 2 et 3.

Assemble tous les éléments en passant une longue ficelle peinte en rouge dans les trous. Pour faire onduler le dragon, noue une autre ficelle au milieu du corps.

Mille et une nuits

Matériel • ***petites boîtes en carton • rouleaux (papier-toilette, essuie-tout) • carton • carton ondulé de couleur • kraft gommé • peinture • pinceau • ciseaux • colle • règle • crayon à papier •***

Palais

Les patrons se trouvent à la fin du livre.

1

Recouvre les boîtes de carton ondulé en veillant au sens des cannelures : trace le contour de chaque face au dos du carton.

2

Recouvre les rouleaux avec des rectangles de carton ondulé de 10 x 16 cm ou de 23 x 16 cm.

3

Reporte les patrons des coupoles, des fenêtres et de la porte. Découpe-les. Prépare des longues bandes de 1 cm de large.

4

Colle les coupoles, les fenêtres et la porte, puis les bandes en les recoupant.

5

Borde une grande plaque de carton de bandes de kraft gommé. Laisse sécher. Peins en jaune pâle.

Installe les bâtiments à ta guise. Pour les décors et les accessoires, tourne la page.

Mille et une nuits

Matériel *• carton ondulé de couleur • colle • ciseaux • ciseaux fantaisie • règle • • crayon à papier •*

Palmiers

1

Découpe un rectangle de carton ondulé. Colle-le en formant un tube. À sa base, colle une bande de 16 x 1 cm.

2

À l'aide du patron, découpe les feuilles. Colle la bande de 3 feuilles, puis insère les autres dans les espaces. Ajoute une petite rondelle de carton au centre.

Les patrons se trouvent à la fin du livre.

Tapis volant

Découpe un rectangle de 8 x 5 cm. Découpe les décors avec des ciseaux fantaisie. Colle-les en faisant onduler le tapis.

Lampe magique

Forme un petit tube de carton ondulé de 1 cm de large. Colle la forme de la lampe de chaque côté. Pour le couvercle, colle une rondelle de carton et un tout petit rouleau.

Avant de découper le carton ondulé, vérifie bien le sens des cannelures.

Personnages

1

Pour le corps, découpe un rectangle de carton ondulé de 8 x 6 cm. Colle-le en formant un rouleau.

2

Colle une bande de 8 x 3,5 cm en guise de tunique.
À l'aide des patrons, découpe le turban, les manches et les mains. Colle-les.

Au théâtre

Matériel • *carton d'emballage (environ 53 x 50 x 28 cm)* • *carton ondulé de couleur* • *peinture* • *pinceau large* • *long tube épais* • *feutrine* • *papier kraft gommé* • *ciseaux* • *colle* • *règle* • *crayon à papier* •

Castelet

Les patrons se trouvent à la fin du livre

1

Découpe les rabats du haut. Garde les plus longs. Découpe une fenêtre de 44 x 38 cm environ, à 2 cm du bas.

2

Colle des bandes de kraft à cheval sur les bords du carton et sur les 2 morceaux de rabats pour les assembler.

3

Peins l'intérieur en bleu, l'extérieur en rose et les rabats assemblés en vert. Laisse sécher.

4

Colle le plancher. À l'aide des patrons, dessine les décors au dos du carton ondulé. Découpe-les, puis colle-les.

5

Découpe le tube à la longueur du carton. Découpe 2 rectangles de feutrine de la hauteur du castelet en ajoutant un revers. Colle-les autour du tube. Colle les extrémités du tube au carton.

Tourne la page pour fabriquer les marionnettes.

Pour découper le carton, fais appel à un adulte qui utilisera un cutter. Pour la tringle, tu peux aussi utiliser une baguette de bois ou un bâton.

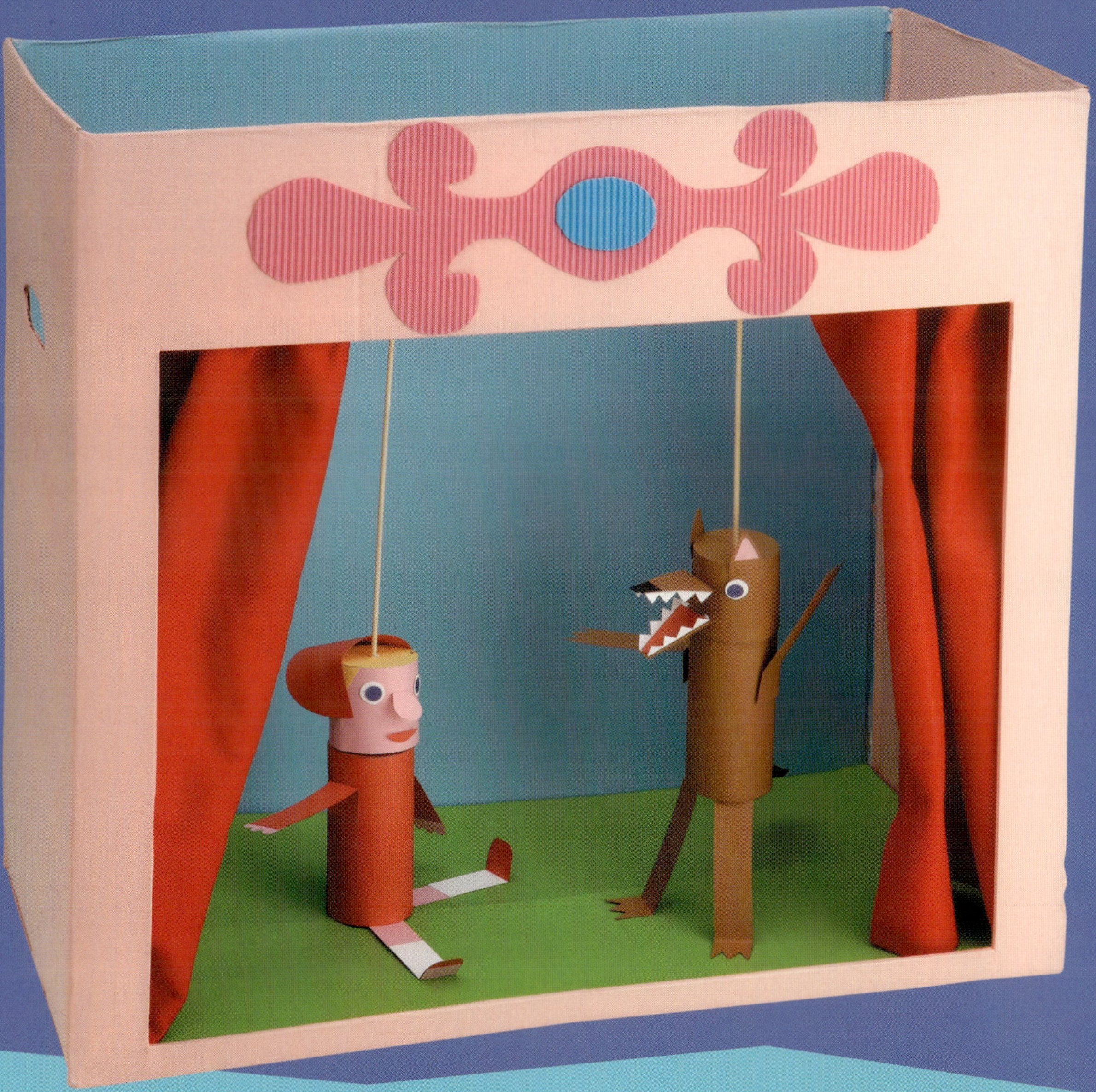

Au théâtre

Matériel • ***rouleaux de papier-toilette • papier de couleur • brochettes en bois • • bouchon en liège • cartonnette • colle • scotch • ciseaux • crayons à papier • clou •***

Marionnettes

1

Pour chaque marionnette, prépare : un demi-rouleau, un rouleau et 2 rondelles de cartonnette au diamètre des rouleaux.

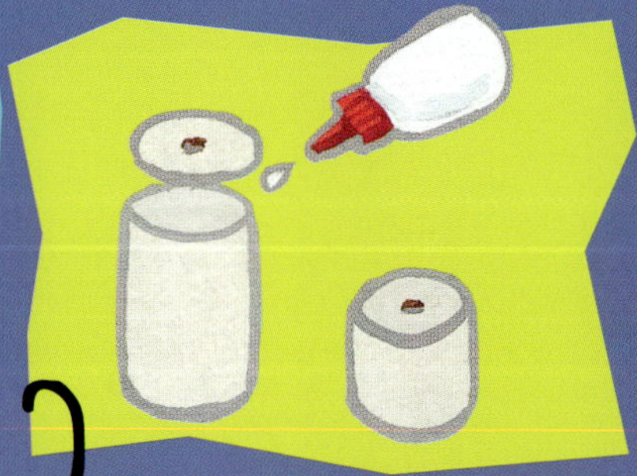

2

Avec l'aide d'un adulte, troue le centre des rondelles. Colles-en une sur la tête et une sur le corps.

3

Dans le papier, découpe des rectangles de 5 x 16 cm et 10 x 16 cm, et 2 rondelles. Recouvre les rouleaux.

4

À l'aide des patrons, découpe les autres éléments. Plie-les aux endroits indiqués. Colle-les ou scotche-les (jambes ou pattes). Laisse sécher.

Les patrons se trouvent à la fin du livre

5

En perforant le papier, enfile une brochette dans la tête et le corps. Encolle une rondelle de bouchon, piques-y la brochette et remonte le tout jusqu'à la rondelle de carton.

Observe bien les photographies pour habiller tes marionnettes. Fais aussi appel à ton imagination et invente tes propres personnages !

Petit train

Matériel • *rouleaux de papier-toilette* • *tubes en carton* • *boîte de biscuits* • • *cartonnette* • *carton* • *kraft gommé* • *brochettes en bois* • *bouchons* • • *peinture* • *pinceaux* • *feutres* • *colle* • *ciseaux* • *règle* • *crayon à papier* • *ficelle* •

Locomotive

1

Prépare un rouleau, 10 cm de boîte de biscuits, un rectangle de carton de 7 x 15 cm (attention au sens des cannelures) et un autre de 7 x 5 cm, 4 cm de tube très fin, 1 cm de tube fin, 2 rondelles de cartonnette.

2

Colle le tout. Laisse sécher. Consolide avec du kraft gommé.

3

Pour les roues, découpe 4 bandes de carton de 2 x 50 cm. Colle-les en les enroulant.

4

Peins. Laisse sécher. Ajoute les détails au feutre. Coupe des morceaux de brochette de 11 cm. Insère-les dans le socle et colle les roues.

Pour les découpes, n'hésite pas à faire appel à un adulte.

Autres wagons

Procède comme pour la locomotive.

Wagon à charbon : découpe un rouleau dans la longueur ; recoupe des rondelles de bouchon pour le charbon. Wagon-passagers : bouche le reste de la boîte de biscuits avec du kraft gommé.

Demande à un adulte
de percer des trous dans
les socles des wagons
et relie-les par une ficelle.
Fabrique des arbres
en t'inspirant de la photographie.

Table des matières

Tu aimes bricoler ?
Tu trouveras d'autres idées dans les livres des Éditions Fleurus

Collection Les Petits Créateurs

Pâte à sel
Mousse
Papier
Argile
Papier mâché
Bricolo-récup
Pâques
Papier crépon
Noël
Mosaïques
Flocons de maïs
Déguisements
Maisons de poupées
Château fort
Petits bijoux
Rouleaux et cartons
Pompons
Masques
Maquillages

Collection ABC

Le livre de l'éveil
Le livre des 3-7 ans
Le livre des 6-10 ans
Le livre des juniors
Activités pour toute l'année
Le livre des animaux
Le livre du papier
Le livre de la magie
Le livre des filles
Le livre des jeux d'intérieur
Le livre des jeux d'extérieur
Le livre des jeux de réflexion
Le livre de mon jardin
Le livre de cuisine des juniors
Le livre de la récup

Collection Les bricolous (livres-kits)

Chenilles douces
Mousse multicolore
Perles, jolis bijoux
Scoubidous rigolos
Animaux en ballons
Bracelets brésiliens
Feutres magiques
Window-décor
Maquillages de fête
Scoubidous brillants
Stickers en folie
Incoryables tours de magie
Tours de cartes faciles
Les échecs faciles
Défis magiques
Jolis grigris
Origami facile

Collection Fleurus Fabric'

Le livre des maternelles

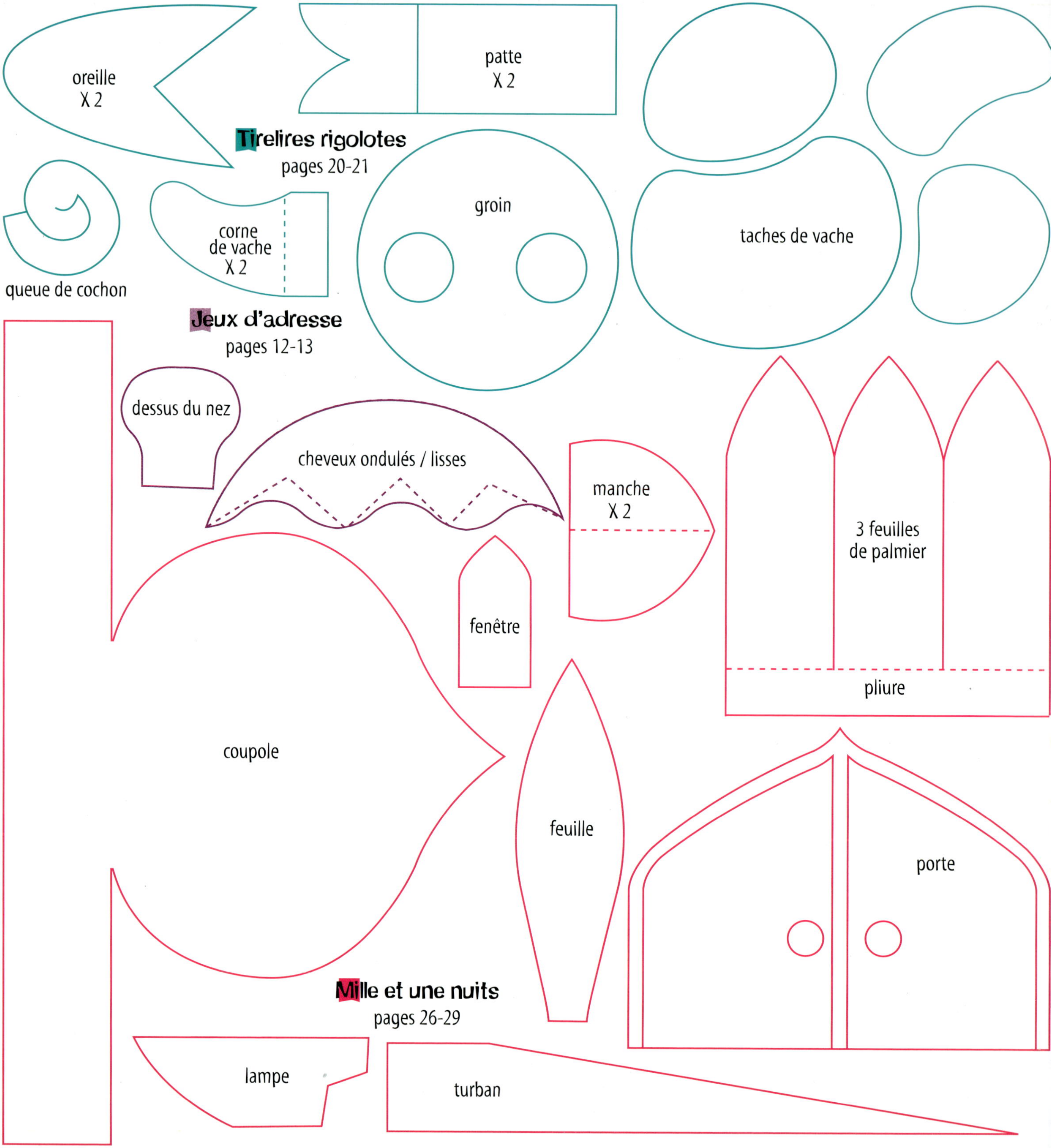

oreille
X 2
patte
X 2
Tirelires rigolotes
pages 20-21
queue de cochon
corne
de vache
X 2
groin
taches de vache
Jeux d'adresse
pages 12-13
dessus du nez
cheveux ondulés / lisses
manche
X 2
3 feuilles
de palmier
pliure
fenêtre
coupole
feuille
porte
Mille et une nuits
pages 26-29
lampe
turban